Arlene Alda's 1 2 3

5-99

Arlene Alda's
1 2 3

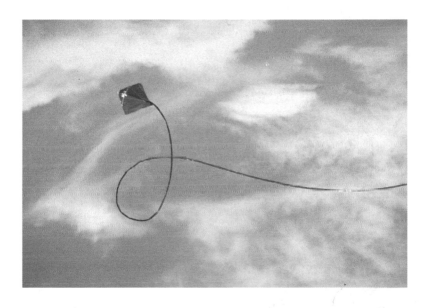

Tricycle Press
Berkeley, California

1 to 10...

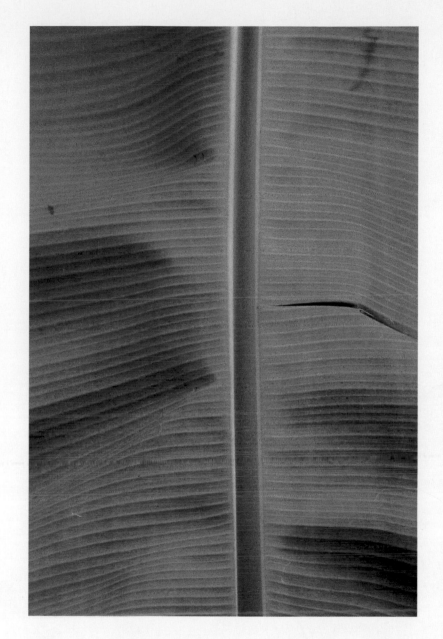

1

2 3 4 5 6 7 8 9 10

1
2
3

4
5
6
7
8
9
10

7

1 2 3 4 5 6 7 8 9 10

1 2 3 4 5 6 7 **8** 9 10

1 2 3 4 5 6 7 8 9 10

...and back again.

10
9 8 7 6 5 4 3 2 1

10 9 8 7 6 5 4 3 2 1

10

9

8

7

5

4

3

1

10
9
8
7
6
5
4
3
2
1

10 9 8 7 6 5 4 3 2 1

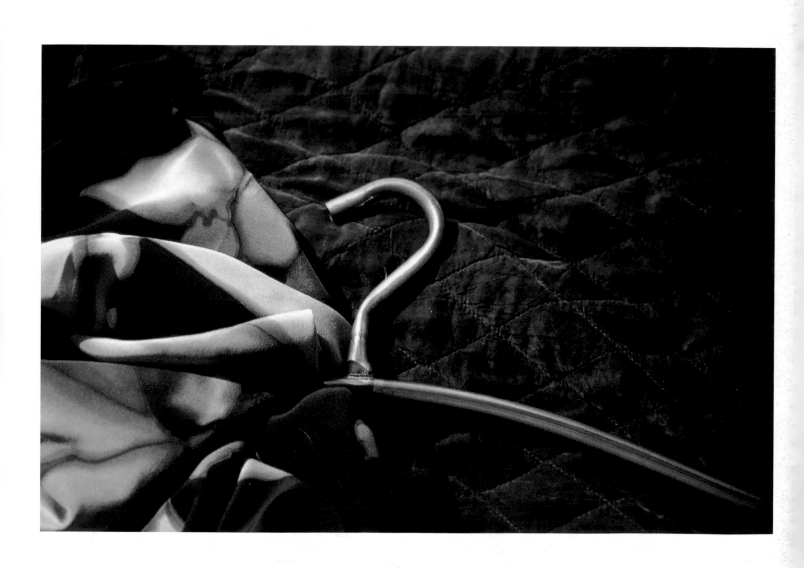

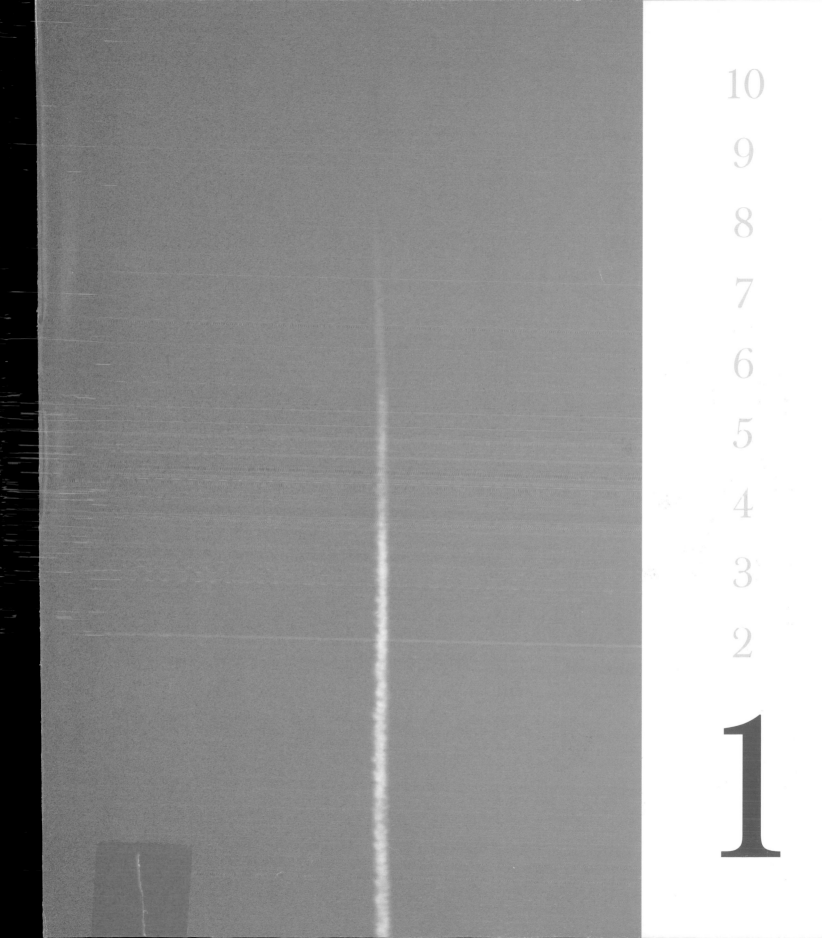

10
9
8
7
6
5
4
3
2

1